Constellation de fragments poétiques

Marie Corbal

Constellation de fragments poétiques

Édition : BoD – Books on Demand,
12/14 rond-point des Champs-Élysées, 75008 Paris
Impression : BoD - Books on Demand, Norderstedt, Allemagne

Illustration : Gloria Mendès

ISBN : 978-2-3223-9558-3
Dépôt légal : Octobre 2021

Aux étoiles de ma vie

Prends le souffle de l'aube nouvelle et fais le tien,il te donnera la force.

Hopi

A quoi ça sert de s'asseoir pour écrire si on ne se lève pas pour vivre.

Henri David Thoreau

EXIL DES MOTS

Mon humeur vagabonde. J'ai l'imprudence de t'écrire en t'adressant des mots à la pointe du coeur. Des paroles spirituelles qui font une vie. Elles se greffent en nous et de la lumière émane pour nous libérer en nous montrant les actes fondés autour de l'amour et non de la peur.

Nos perceptions sincères sont véritablement issues de notre coeur et de nos expériences vécues. Peu importe la manière utilisée pour y parvenir.

Cette rencontre pacifiée n'est pas stérile. Au contraire, elle est pour générer une lumière et partager ensemble le mystère sacré de la vie.

Avec l'existence enfouie criante et hurlante, l'amour offre des ailes pour s'élancer vers le ciel avec un regard lucide que personne ne peut exploiter, opprimer.

Je ne suis pas née pour rester assise sur un accoudoir. Pour être une femme debout je dois écrire. Femme d'encre. Tirer sur les cordes sensibles. D'autres vies que les miennes. Fracasser le mur.

La résignation, le renoncement sont des suicides au quotidien. On perd plus dans la soumission que dans la révolte. Dans le viseur.

Je ne suis pas faite pour être apprivoisée. J'ai besoin de marcher, courir libre et trouver quelqu'un d'aussi sauvage que moi pour m'accompagner et pour mener ensemble la vie qui est notre propre création. Sans artifices.

Quitter de nouveau pour se reconnecter. Quête de sens. Un grand moment de transformation dans ma vie. Je me réinvente. Quête de soi. Sentir son corps vibrer réellement. Se réapropprier de manière différente. Un véritable tourbillon sur un chemin trouble. Destination prochaine : l'adapter à ma valeur réelle. Une bataille engagée pour faire valoir mon estime personnelle basée sur la vision de soi (physique), la confiance et l'amour de soi malgré des failles...

Redécouvrir, s'adapter, se délecter de la vie consistent à cultiver le bonheur de vivre pleinement. Rien n'est inutile. J'exploite tout ce qui se trouve sur ma route. Des traces, des éclats de ma vie: des opportunités à saisir et à embrasser avec un esprit assoiffé. Malgré le chaos, la confusion du monde m'entourant, je m'échappe toujours pour m'épanouir au gré des rencontres hasardeuses. Elles sont destinées à traverser les passerelles autour de moi. Tout ce que je rencontre devient une partie de moi. Une plongée dans la relation d'âme à âme. De cette relation naît la voie du cœur: la découverte de l'infinité du temps sacré avec la propension au rêve, à l'imaginaire. Cette insurrection vise la beauté d'oser de vivre réellement avec une volonté farouche. S'autoriser à être et à ajuster la valeur de son existence. Ce qui semblent être des faiblesses sont les conditions de forces pour transcender et libérer l'esprit cadenassé par l'histoire...

La vie n'est jamais acquise. Tout est impermanent. Je me confronte à son réel. Il cogne. Une jouissance suprême basée sur la découverte, l'émerveillement avec des effets secondaires. Tout ne peut qu'être bénéfique. C'est tout sauf la stérilité de la pensée avec un rapport brut à la vie. J'en fis une joie inconmensurable. Une offrande à renouveller chaque jour. L'antidote du cancer de la vie.

Continuons à avoir la démence de vivre. On existe en jouissant de tout un seul instant et en sachant d'instinct se créer des espaces sacrés pour prendre le temps d'aimer et de s'aimer.

Continuer à vivre c'est se souvenir. J'écris et je fixe des vertiges. Caresse de mon âme dans l'abîme.

L'humanité je la vois réellement dans la fragilité et l'angoisse de l'autre.

… déambulation sur une terre (in)connue …

Ê T R E

Parce que je suis une femme j'écris.

Je suis comme je suis. Je suis comme je parle. Je suis comme je vis. Je suis comme j'écris
Je fixe des vertiges sur papier. Naufrage, errance des mots sur papier.
Ecrire plus vite que son ombre. Des mots qui frappent, des mots qui hurlent, des mots qui fusionnent dans une énergie brute sans faille.
Un itinéraire à suivre avec des points d'ancrage
La gestation des fragments poétiques
Ce territoire est entre des convulsions où l'amour, la vie, la mort ne cessent de se côtoyer
Des tranches de temps avec des regards, des touchers, des odeurs, des bruits
Les centres névralgiques de ma révolution

Je suis Antigone, Electre, Olympe de Couges, Femen
Nos révolutions magnétiques. Nos connexions mécaniques
Cyclone de nos pensées
A l'unisson avec la sagesse émotionnelle dans un univers chaotique

Naissance d'un espoir d'horizon ensoleillé avec ses turbulences
Ouverture à la synchronicité
Le souffle de la vie

Parce que je suis de passage j'écris.

Sensations, émotions s'appellent, s'interpénètrent, s'enrichissent
Une multitude d'entrées en collision dans la symphonie de la vie
Tout est musique
Les catalyseurs, les gardiens et les protecteurs de ma transformation
Personne ne peut parler ma langue
Mon alphabet poétique
J'offre ma différence
C'est une déclaration sans pitié contre la marchandisation, la prostitution et la commercialisation de la pensée
Un pavé d'insoumission à jeter
La voie royale

TOUT EST CONSTELLATION
CIRCULATION DÉVIATION
VARIATION

Olympe

Inna

Marie

13

TERRE DES FEMMES

Histoire de *lune*
> temps
> parcours
> naissance
> mort
> *soleil*

Artisanes de la vie, nomades du silence
des assoiffées
désireuses d'explorer, confectionner
De la matière, des matériaux
de nouveaux territoires
En quête
(In) disciplinée

Dans un monde éclaté, édenté, entaché
Où rivalité, jalousie, domination
Coexistent, déstructurent
la femme, le féminin, la féminité, le féminisme

Des rendez vous en terre inconnue
Des traversées dans le sillage des ancêtres
Sorcière, Prêtresse, Chamane, Guérisseuse, Musicienne,
Femme médecine, Magicienne, Visionnaire
Fusionnent

Fécondent des graines du renouveau

… l'émergence d'un nouveau monde dans toute sa splendeur ….

avec embrasement

AUX DÉRIVÉS DE LA MER

Evadés de l'autre côté
Soudan, Lybie, Syrie, Erythée, Irak, Afghanistan
Les charniers de la nuit du brouillard
Expulsent ses naufragés de la vie
Aux pieds plombés
Sur des embarcations d'infortune

Direction le paradis sans frontière
Tracé par le destin
Ni passé, ni futur
La route ensanglantée
Aux anges déplumés
Horizon fracassé
A ciel, à corps ouverts

L'humanité à bord
Sur le navire de la mémoire
Cimetière de la mer
Sang de la terre
Méditerranée
Patrie au drapeau de la mort invisible
Avec des cris, des larmes de douleur silencieuse
Accueille l'humanité en lambeaux

Hommes, femmes, enfants
Dérivés de la mer
Des pays incendiés
Feu dans le dos
Ces sombres héros
Tatoués à l'espoir
Vous êtes nos frères migrants

L'humanité à bord
Sur le navire de l'oubli
Enchaînée, menottée, cadenassée
Aux crocs aiguisés
Des molosses de l'illusion chimérique
Marchands du rêve de l'Europe

Europe
Barbelée avec des tessons de colère
Aux oripeaux éventrés
Armée jusqu'aux dents
Injectée par le venin de la haine et de la peur
Lois bafouées
Retourne les couteaux dans vos dos

Hommes, femmes, enfants
Dérivés de la mer
Des pays ravagés
Tonnerre dans la tête
Ces sombres héros
Scellés à l'amour
Vous êtes nos frères migrants

Comme une révolte au fond de moi
La même révolte au fond de toi
Dans le face à face des droits, des devoirs
Dans le face à face des lois, des abois
De la foule immuable
Rompue
Insensible à la géométrie des rêves
Des acrobaties linguistiques
Avec des regards furtifs
Taillés dans l'instinct
La pensée en déroute
Sur la route
Où les sphinx à l'âme guerrière
Perdent leur souffle
Volent d'ombre en ombre, d'étoile en étoile
Se cognent contre le ciel
Dans les champs de l'infini indéfini
Avancent au delà des frontières spirituelles
Essaiment des graines de poésie contagieuse
Contre le vent, les marées avec des griffes
Tissent des tourments
En flirtant avec le sable du désert
Sonnent les carillons de la liberté

Les vertiges des sensations

FLEUR D'EROS

Fleur d'Eros
A qui on offre son amour
Au cœur de la nuit
Héroïne
Paradis de la vie
Effeuillage tout en douceur
Avec son col rose
A la vue secrète des caresses
Se fond de désirs
Sur les soupirs des odeurs

Espace insoupçonné
Au cœur de la fleur d'Eros
Celle qui embaume le creux de son cœur
Naître à son temple sacré
Terre fertile
Parfumée, magnifiée
Maudite

Sous l'ivresse de la traversée circulaire du baiser
Syncope de l'âme

Poésie du toucher orgasmique
Dans les ténèbres de l'amour
Où nous sommes enlacés
Caresse de l'épiderme des mots chuchotés
Effleure le subtile souffle des lèvres satinées
Exploration d'un territoire inconnu
Anesthésié
Au cœur de l'être
En sommeil

Fleur d'Eros
Fraichement éclose
Déploie ses pétales
Danse dans des phases mouvantes
Fleurit dans les braises du souffle
Tes yeux posés sur mes yeux
Ta peau à fleur de peau

Enracinement du plaisir
Tourmente de nos corps
Jusqu'à l'ivresse
A la vie, à la mort

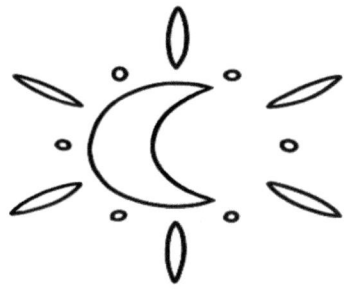

PENDANT CE TEMPS LÀ

Seul, plusieurs
Semblable à du bétail humain
Des larmes perdues
Avec ses lourdes chaînes
Pris dans le filet de l'Europe et de la Libye
Marché de désolation
Leur espace
Sans retour
Terre humiliée
Noces barbares des bourreaux éternels
Des liaisons dangereuses
Sous un ciel sans couleur

Pendant ce temps là
    Sur les routes migratoires – Route des Balkans /
Méditerranée

Seul, plusieurs
Traqués, poursuivis
Meurtris, humiliés

Des cris dans la nuit
Un pied dans le désert, perdu pour de bon
Un pied en France, asile inhumaine
No man's land
Détention aux barreaux invisibles
A perdre dignité, vie

Pendant ce temps là
    Sur les routes migratoires - Route des Balkans /
Méditerranée

Seul, plusieurs
Parias aux os brisés
Peau zébrée
Caressent
Le poids d'un son errant
Liberté en haillon

Saveur amère
Liberté se cadavérise
Douce illusion amère

Le cœur
        un continent usurpé
redessine l'amour
        contaminé
        implanté
au cœur de l'obscurité

dans le terreau du cœur
migre l'amour
        esseulé
dans les chairs
dissimulées

dans un silence
usé
            coulent
            la somnolence d'un soleil
            l'ombre de la fatigue
            l'infinie douleur d'aimer
            dans mes veines

abandonnées à la mémoire
                secrète de mon cœur

                                        abrite la pulpe de
la vie
    me colle à la peau
    la vidange du cœur

Ces vices tellement imparfaits, redoutables
interpellent les regards insoumis des spectateurs ahuris
Confusion des corps inachevés
De l'inconnu et du connu en eux
Tant de vécu
Prisonniers dans la chair à vendre
Le nombril du monde, de nos ombres
Des images inventées
La signature de la vie

Je suis née de la vie
Aux éruptions de l'âme
Les versants de ma pensée

De toutes les routes que j'ai pu empruntées
Celle que je préfère le jardin des sons
Fabriqué par des tintements
M'assaillant de tous les côtés
Tout part en filature

Enquête de sens
Un patchwork auditif
Remplit mon coeur
Au centre de ma chair
Au dessus du silence cristal

J'entends la vie
Tisseuse d'histoires
Devant moi
A pas compté feutré
Un itinéraire à suivre

C'est ici que mon voyage débute
Sans départ, sans fin, sans lendemain

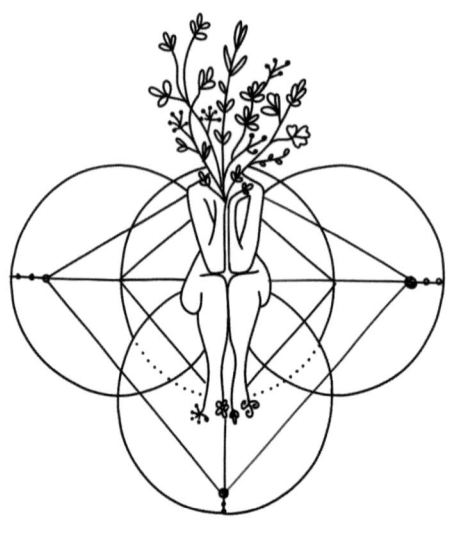

A L'ÉCOUTE DE LA VIE

Déposons de nouveaux pas pour l'humanité en offrant la divinité de notre magie pour l'éternité à l'immensité

en redevenant des étoiles

détachées, reliées

en accomplissant
ensemble le verbe AIMER dans toute sa splendeur...

C'est parce qu'il est obscur qu'il est lumineux

Au delà de la douleur et de la colère je vis du cœur.
Je suis là.

L'enfant en moi y vit toujours. Activé, réactivé grâce à la vie entre apprentissage, émerveillement et étonnement.
Je suis là.

Entre le mystère et l'étrangeté de la vie dans tout son élan d'expérimentation avec toute sa discipline. Nature est ma force. Ma mère.
Je suis là.

… A l'écoute de la vie …
… A l'écoute du cycle …
… A l'écoute de l'énergie ...

Des influences mutuelles
Changer ensemble sans se désaccorder

… A l'écoute de l'autre …

Sans limites Sans limites Sans limites Sans limites

Je suis là
en tête à tête   en corps à corps   à cœur à cœur   en toi   en moi

… A l'écoute du cœur …
… A l'écoute du souffle de la vie ….

D E S

A   C O R P S

Prophète du temps
Qui génère la vie, la mort
Tant de paroles
Tant de prononciations
Tant de pensées
Fixent notre être
Dans notre corps, notre âme
Voyagent au pays des émotions
De ciel à ciel
D'horizons à horizons
Forage des territoires
A la texture cicatrisée
D'instant en instant

J'ai dans mes mains
Des fleurs, des lueurs
Résonance
Dans un monde
En décadence
Sociologie des sentiments
Des axés, des abusés

En chantier sur la route
Des traces

A l'écart de nous
Sous la surface
S'infiltrent des éclaircies
Brûlent les limites de la liberté

…........... enfouie
le temps triomphe toujours ….........

Arbre de chair
Troué de lumière, d'ombre
Charpente érosée
Racines en place
Dans l'antre naturelle
S'égare dans les mots dépeuplés
Dans l'instant vif
A perte de vue
Embrasse l'hécatombe du temps
La nuit du cœur

…........... enfouie
le temps triomphe toujours ….........

DONNER LA VIE

Il y a quelques années la prise de conscience par rapport à la naissance de mon premier enfant a réellement émané d'une véritable remise en question vis à vis des violences gynécologiques et obstéricales. Lorsque le droit à la parole a éclaté chez les femmes victimes de l'indicible j'ai pu lire des témoignages, des cris d'alerte des sage femme travaillant en milieu hospitalier. Ces faits m'ont permis de faire le rapprochement avec mon histoire vécue pleinement et de vouloir à mon tour révéler cet épisode. Des échos résonnant toujours en moi.

A chaque femme sa maternité. Il n'y a pas qu'une seule vérité. Seulement une cohabitation avec des ressentis issus des expériences distinctes. Ces dernières font des êtres puissants de leur fragilité.

Auparavant, en 2010, je n'ai pas été traitée correctement dans la pièce inhospitalière où j'ai donné naissance par voie basse à mon premier enfant malgré la source de joie procurée une fois posé sur mon ventre. J'étais comme un numéro parmi d'autres. L'implication du «non choix» parce que «c'est comme ça» m'a orientée sans trop me remettre en question à la maternité où le climat hormonal a été basé sur la peur de mal faire. Un refuge dans le conditionnement sociétal qui guide en toute confiance.

L'importance de se sentir bien a volé en éclat. Je me suis remise entièrement à l'équipe, à son autorité médicale avec l'oubli des réflexes d'empathie de base (soutenir, expliquer, écouter). Une confrontation. Celle-ci m'a coupée de mon instinct. Plus de racines, plus d'ailes. Sentiment d'insécurité physique et psychologique omniprésents avec une sur-stimulation du néocortex. Des décharges d'adrénaline sont provoquées. Tout le contraire de l'afflux des ocytocines.

Force est de constater que l'étymologie du terme «accoucher» est porteur d'un sens bien particuliers. Il s'agit de «se mettre au lit pour cause de maladie» et il signifie proprement «se coucher, s'aliter». Ce n'est que peu à peu qu'il a pris le sens exclusif de se mettre au lit pour enfanter en positon allongée.

On m'a forcée à être allongée avec les pieds calés dans les étriers alors que mon corps me disait d'être debout, d'être dans le mouvement. Plus besoin de bouger, seulement observer passivement ses sensations en attendant les consignes du personnel soignant. C'est «*normal*» pour ne pas dire exigé dans la salle d'accouchement classique voire médicalisée où tout est assisté et contrôlé.

Le nombre de gestes invasifs sans m'expliquer, sans mon consentement m'a laissée des traces physiques. Perfusée au sérum glucosé (interdiction de manger et de boire), aux hormones de synthèse (ocytocines), un trou noir (évanouissement?), appuyer sur mon ventre pour expulser le placenta, avec une surveillance accrue du fœtus par monitoring et la péridurale ont supprimé toutes les sensations. Plus de repères pour moi pouvant me guider sur la route de la venue au monde.

Cet accouchement s'est «bien terminé» malgré l'épisiotomie et les forceps utilisées dans l'urgence. Le tout est vécu réellement comme des agressions au niveau de mon intimité. Sortie de la maternité en me sentant vulnérable voire même émotionnellement et psychologiquement vidée à long terme... J'ai surtout ressenti en moi une incapacité à avoir enfanter.

Une partie invisible m'a été arrachée. De ce moment de vulnérabilité le sentiment d'avoir été déshumanisée m'a poursuivi avec de la culpabilité et de l'incompréhension pendant longtemps.

Et pourtant c'est le système qui a échoué:les habitudes culturelles très limitantes et les peurs autour de la naissance... Ce conditionnement culturel et l'incompréhension de la physiologie de la naissance laissent sans doute des séquelles...

Les violences obstétricales semblent être la norme et peuvent abîmer ce moment. Elles sont une des réponses à la logique de rentabilité avec des protocoles médicaux sur des femmes qui n'ont en pas forcément besoin... L'essentiel semble se focaliser plutôt sur la bonne santé physique de la mère et du bébé alors que le ressenti a l'air de ne pas entrer en ligne de compte.

Le temps m'a permis d'apprivoiser de nouveau le rôle que m'offre une deuxième grossesse.

Je l'ai abordée de manière beaucoup plus sereine en sachant déjà d'avance que le choix était réellement porté sur la naissance à domicile. Il s'est fait rapidement après un passage non satisfaisant à la maternité. Une prise de décision en toute liberté et éclairée avec la confiance en la vie, la nature du corps et de l'esprit. Ce sont mes intuitions qui m'ont réellement guidées pour ce choix de naissance à domicile. J'ai été soutenue à long terme par mon compagnon et une sage femme libérale avec un suivi particuliers pendant 9 mois. Pendant cette période à aucun moment donné j'ai douté de ma décision malgré certains propos («irresponsable», «folle», «retour en arrière», «à quoi à servi le combat des féministes?») extérieurs basés sur la peur et le manque d'informations.

En 2020, à domicile, en pleine nuit, je suis entrée spontanément dans un autre état de conscience en toute autonomie. L'ambiance, se sentir à l'abri, me l'a réellement permis. La liberté de ne pas avoir peur, pas de stress avec le cerveau archaïque qui a pris le relais. J'ai retrouvé un comportement instinctif plus proche de l'animal, du mammifère. Le fait d'avoir pu externaliser sans crainte la douleur en la gérant à ma manière comme une personne pensante et ressentante a légitimé l'accès au sens véritable du mot « naissance » : vivre totalement l'enfantement sans violence avec des vagues, comme celles de l'océan.

J'ai été ballottée avec la sensation infinie d'être une vague au milieu de la tempête. Elle meurt avant qu'une autre arrive.

Le sacre de la naissance. Cet instant momentané fragile a été respecté avec un retour à mon essence profonde en toute plénitude. C'était moi aux manettes de l'odyssée, dans cette expérience unique authentique. Il en a découlé par la suite la confiance en la vie et en la femme primant sur la peur.

Ma péridurale a été mon compagnon avec sa bienveillance, sa confiance totale en moi et sa proximité en toute discrétion. Les véritables hormones de l'amour. On a refait la nuit autour de nous tels des amants chuchotant et s'effleurant pour accueillir à bras et à cœur ouvert ce nouveau voyageur. Avec nos mains et nos regards aimants dans une paix profonde, le temps a semblé s'être arrêté et figé dans l'instant présent. Après des heures d'une intensité jusqu'ici inconnue, d'un déferlement de puissance, d'émotions il y a eu une sensation indicible : Il est né avec les yeux grands ouverts vers nous grâce à une pénombre apaisante avec une douce vibration sonore emplissant la pièce tamisée. Son âme habite désormais notre maison. Le jour qu'il a choisi pour naître est celui du début de sa vie...

Il faut se battre, constamment, contre la machine médicale en faisant face à une multitude d'idées reçues, de jugements et de mépris. Pourquoi être forcée d'accoucher à l'hôpital? L'accouchement n'est pas une maladie, à moins d'avoir une grossesse à risque? Croire en la capacité à donner la vie semble être le meilleur remède pour que tout se passe bien...

La naissance de votre enfant vous appartient, et que vous pouvez vous aussi vous donner les moyens de vivre l'accouchement dont vous souhaitez réellement du moment où il n'y a pas de contre indications médicales.

Soyez maîtresse de votre mise au monde. C'est votre moment, à vous et à votre enfant.

LE VENT SE LÈVE...

Ainsi commence le fascisme. Il ne dit jamais son nom, il rampe, il flotte, quand il montre le bout de son nez, on dit : c'est lui? Vous croyez? Il ne faut rien n'exagérer! Et puis un jour on le prend dans la gueule et il est trop tard pour l'expulser. F. GIROUD

Avec le désordre global, la dictature est à nos portes. Elle s'apprête à franchir son pas en douceur pour s'emparer des clés de la richesse de la pensée. Les ennemies de la liberté. Ce concentré nous rappelle la connivence du capitalisme et du système oligarchique avec des partages non équitables. Des amis avec des défauts de l'unité et de l'harmonie de l'humanité. Ils tirent depuis longtemps sur le peuple en prétendant son combat pour des valeurs universelles...

En pulvérisant la République, il a précipité la fin du socialisme acquis depuis longtemps pour ouvrir grandement la porte au capitalisme démesuré, financiarisé et à l'oligarchie.

Le coup d'état contre la démocratie a bien eu lieu. L'oligarchie est désormais sortie de son ombre. En étant tous derrière cet apôtre ils déclarent la guerre au peuple par divers moyens avec des forces disproportionnées.

Déstructurer la cohésion du peuple en le niant, en le mutilant et en bafouant inlassablement ses droits d'exister dignement au sein d'une société multiculturelle basée sur le vivre ensemble revient à diviser pour mieux régner. Cette forme de terrorisme, une arme humaine basée sur le jeu des émotions, vise non seulement à nous tétaniser, sidérer mais aussi à nous brimer, à nous crisper. Avec l'instauration permanente d'un climat d'insécurité et de peur, cette véritable agression est sur le point d'atteindre son but ultime.

Elle concrétise un rêve en se préservant de toute empathie révolutionnaire et de tout enchantement des luttes politiques sociales : faire trembler nos libertés avec de puissants sadiques. Jour après jour, museler en toute discrétion la presse, affaiblir la démocratie par tous les moyens organisés par l'État pour non seulement intimider mais aussi nuire aux opposants en ayant recours à toute forme de violence (propagande, manipulation et contrôle des opinions, prolongement de l'état d'urgence,...).

Atrophiée, la démocratie perd son souffle et baisse sa tête. Bafouée, matraquée à bâtons rompus, elle donne la force légale aux prédateurs aux griffes sales. Une caste avec un autoritarisme. Leurs visages changent pour que rien ne change...

Le peuple s'endort. La surveillance de masse s'étale tel qu'une toile d'araignée numérique dévorant sur son passage l'intimité du quotidien. Cette surveillance permanente assure la visibilité du fonctionnement du pouvoir mis en place. Une gigantesque prison à ciel ouvert, sans murs, instaure des relations horizontales : chacun devient non seulement son propre surveillant mais aussi celui de l'autre. Sans dérangement. Sans engagement. Direction vers une fin lente et programmée de la démocratie.

La boîte de Pandore est ouverte avec ses démons chantant des propos funestes. La haine avec ses héros est sortie et guette ses cadavres. Une âme maléfique est lisible sur son visage immatriculé. Tapie dans l'ombre, avec sa faux elle assassine à petit feu la liberté d'être, de penser... et crache son venin.

Que le mot RÉSISTANCE continue à vivre sous les balles de l'oppression et du flicage. Ce sérum coule dans mon sang, dans ma chaire, dans mon âme. Comme une esclave têtue, j'irai jusqu'au bout de la nuit avec la fleur au fusil chercher la lumière. Cette ivresse ne cesse d'investir mes pensées et mon cœur fertile. Le temps des cerises existe toujours. Un jour viendra la couleur de l'amour, de la liberté et de la poésie.

De ce chaos naîtra probablement le fascisme. Pour le moment, il est autour de nous avec des apparences innocentes, diverses et multiformes. Cette tendance est clairement visible sur le continent européen. Il se sent pousser des ailes et se répand comme un poison...

Si nul ne réagit, l'Europe de demain sera une Europe totalitaire, inhumaine et raciste.

Ce qui se joue à l'heure actuelle est notre avenir à tous. Il devient alors urgent de mettre un terme à ces dérives orchestrées par un État autiste, sourd et aveugle. Quelque soit la situation continuons à réellement marcher ensemble. Lutter contre la libéralisation de l'économie est l'archétype de la naissance d'un autre monde avec des alternatives concrètes. En étant des cibles privilégiées de l'État totalitaire, nous sommes toutefois les artisans des lendemains meilleurs, colorés, parfumés de vie. Tout est à (ré) inventer. Tout est possible. Rendons l'espoir légal. Ce jour là sera alors une véritable démocratie!

A L'ÉCART

En mémoire il me revient...

Une errance suspendue le temps d'une escapade.

Une épreuve devenue force pour rester humaine en préservant ma lumière. Une étincelle alimentée par la sève de la vie. Ma liberté enfouie brûle ses limites.

Une invitation à la contemplation pour m'absorber complètement absorbée. Soutenue et nourrie par l'étincelle de la sève de la vie je ne peux qu'être séduite par cette île aux regards multiples. Il m'est difficile d'y résister. Où enraciner mon coeur tel qu'un arbre?

J'ai abandonné, le temps de cette découverte, tout ce que je possédais. Rupture de temps. Une évasion hors des murs de préjugés et de craintes érigés par la société.

Un thérapeute : il s'appelle Voyage. C'est décoller sans hésiter à la manière d'un soleil. Un guérisseur qui veille sur moi comme un sage digne de confiance. La destination ne compte pas. Ce sont plutôt les fenêtres ouvertes sur l'inconnu. Les tributaires de ma mémoire.

Ces 10 000 kilomètres sont une belle occasion de faire le tri dans ma vie : entre ce qui manque et ce qui fait défaut. Une mise à distance bénéfique avec l'ouverture d'un pan de son univers énigmatique.

Un écrin de métissage posé au milieu de l'océan Indien. Le carrefour des influences de l'Europe, de l'Afrique et de l'Asie. Une île ourlée de plages s'étendent à perte de vue. Des plages blanches et noires sont le reflet d'un brassage chaleureux omniprésent. Des africains, des chinois, des comoriens, des malgaches...

Un vol de nuit côté hublot avec l'arrivée au dessus de l'océan Indien sous le soleil est une magnifique prise de conscience poétique sur la trajectoire effectuée avant l'atterissage à l'aéroport.

Changement de continent, d'hémisphère, de climat, de lumière, d'odeur, de nourriture.

Quand s'ouvre lentement la porte de l'avion dehors de bonne heure le matin la première bouffée d'air humectée me parle déjà de nature aux accents polyphoniques. La joie de sentir mes premiers pas sur le sol après de longues heures de vol.

Un atterrissage imminent sur cette île sans vraiment la connaître. Une fenêtre sur la Réunion s'ouvre. Elle me tend ses bras en m'accueillant à la fois sur ses côtes fragiles, agitées et aux creux de ses entrailles. L'océan l'entoure. Le temps et l'espace se confondent. Une sorte de miroir gigantesque où se réfléchit le ciel avec des crêtes de vagues en soubresaut de révolte. Ce terrain d'entente dégage une sensualité de sensations.

Une multitude de coeurs y règne : l'océan, les forêts, les villes, le ciel, la montagne. Plusieurs aortes les relient avec ses routes en lacets. Parfois son rythme cardiaque s'accélère. Dame Nature s'emballe et rappelle à chaque humain sa dépendance à l'air, l'eau et le vent. Une autorégulation. Sans oublier le coeur de la bienveillance de ses habitants. Leur vie ne se limite qu'à l'ordinaire et à la simplicité des choses à l'instant du jour.

La traversée du paradis avec son décor à l'envers.

L'Europe a disparu derrière moi. Partie à l'autre bout de ma terre natale.

Telle que je suis. Une ermite, une exploratrice.

Exploratrice en quête de sens, animée par une passion: traquer sans hésiter ce que Mère Nature peut m'offrir de beau et de violent. La nature majestueuse, généreuse et hétérogène explose devant mes yeux. Des paysages tourmentés d'une beauté sauvage. Une relation à la nature à l'accent polyvalent.

Caresse des yeux, lecture des paysages imparfaits. Des trésors émergent lors de ces belles rencontres. Communion, union. Des lumières infatigables scintillent sur le caillou. Une immensité lumineuse et sombre. Le tout dans un silence parfait sous la nuit.

Redécouvrir les éclats de vie, s'adapter, se délecter de la vie consistent à cultiver le bonheur de vivre pleinement. Rien n'est inutile. J'exploite tout ce qui se trouve sur ma route.

Des traces de ma vie: des opportunités à saisir et à embrasser avec un esprit assoiffé. Malgré lechaos, la confusion du monde m'entourant, je m'échappe toujours pour m'épanouir au gré des rencontres hasardeuses. Elles sont destinées à traverser les passerelles autour de moi. Tout ce que je rencontre devient une partie de moi.

Je me confronte à son réel. Il cogne. Une jouissance suprême basée sur la découverte, l'émerveillement avec des effets secondaires. Tout ne peut qu'être bénéfique. C'est tout sauf la stérilité de la pensée avec un rapport brut à la vie.

Des regards croisés.

Des ballades dans un espace de liberté photographique rejoignent l'inachèvement de la poésie du voyage. Regarder ensemble, révéler autre chose. Des doubles regards à la fois proche et lointain avec un défi: réveiller l'instinct poétique en moi avec mon compagnon indéfectible en me laissant envahir par la contemplation. L'appareil photo et les émotions authentiques. Peu importe l'histoire, peu importe la contradiction, peu importe le vécu. Un atlas photographique s'offre devant mes yeux: donner des visages à l'humanité. Des centaines de visages passent devant moi. Ils sont uniques, ils racontent une histoire avec des mouvements permanents découverts sous l'effet de la lumière du jour... Rendre l'invisible par le visible en traçant de nouvelles trajectoires de l'âme.

En mémoire il me revient...

Un espace vaste délimité par des murets longeant la côte maritime.

Coincé entre ciel et mer, il surplombe une plage de sable noir dévorée par un début de végétation.

Cette couverture verte prend effet progressivement. Des écailles vertes s'empilent sans hésiter sur le sable noir.

Le mugissement de la mer se mélange au son léger du vent.

Je le visite dans un sens comme dans l'autre en déambulant au hasard des allées bordées par des cocotiers.

Cette promenade poétique m'offre sans hésiter les noces éternelles des damnés de l'Histoire de La Réunion.

Des pirates, des poètes, des esclaves et des caveaux familiaux y cohabitent sans difficulté.

Le parfum de la sérénité m'enivre.

Un échappatoire à la mort.

Un sentiment de lassitude et d'abandon est adouci par la végétation luxuriante.

Des paysages captivants
Des pierres volcaniques au coeur de l'eau diaphane
Sous la jupe bleue turquoise de l'océan indien
Mon regard s'accroche à la transparence de l'eau
Bleu ciel
Marcher sur le sable doux à pas feutré
Du velours sous mes pieds
Que frappent régulièrement les vaguelettes
Des caresses à volonté
Eveillant doucement mes sens

La ligne infinie piège mon regard

Confusion totale entre le ciel et la mer

Le combat loyal entre le jour et la nuit

Une lutte amoureuse différente de l'endroit où je me trouve

Témoin poétique de la fusion entre le ciel et la mer. Un instant fugace avant la révérence de la nuit

Une lumière du silence circule en moi. La sève de la vie

Cette géante palette de couleurs évolue

Le soleil occupe l'intégralité du ciel aux milles couleurs avec un ballet de nuages colorés.

Une valse entrainante pour mes yeux

Les couleurs s'évaporent et se dissolvent dans l'eau

Les ombres en mouvement meurent sur le sable

Le soleil s'effondre dans l'eau stagnante et tranquille

La mer apaisée respire

La lune irradiante de lumière se déshabille sans bruit. Elle sublime toujours le décor avec ses compagnons

Les étoiles trouent la grande toile noire

Des ancrages dans le ciel sèment des étincelles.

Dans cette belle magie

Assagie

J'explore les méandres de la nuit

L'inconnu, l'impalpable, la mouvance.

La lune me regarde

S'accrochant au nuage

Avec grâce, elle danse sa valse

sans se lasser.

En mémoire il me revient...

Un épisode époustouflant et inoubliable où tout le mystère y est préservé avec une quiétude relative: l'ouverture des portes du Sud sauvage dans toute sa splendeur noyée dans la végétation tropicale luxuriante avec un changement brutal de décor. Des falaises noires, saillantes telles que le charbon et la lave sont omniprésentes. Une entrée privilégiée sur le territoire du volcan. L'arc de cercle végétal est préservé, fleuri grâce à la fertilité de la richesse tellurique volcanique. La beauté sauvage et tourmentée explose devant mes yeux.

J'emprunte la route du volcan. Offrande de multiples panoramas avec une traversée à travers les tamarins, les ajoncs, les brandes et les conifères. Un arc en ciel m'accueille avec une vue éblouissante, plongeante sur la rivière des Remparts, la vallée, les montagnes prisonnières des nuages et les falaise qui dégringolent... Une rupture de l'opération de la magie du changement des paysages. Ils se muent, cette fois ci, en landes avec un mélange de pierres volcaniques jonchant sur le chemin dégradé de vert et de gris.

Ce dégradé de couleurs rappelle la colonisation de la terre primitive par les végétaux.

Un panorama d'une beauté naturelle inestimable et incontournable : le long de la côte est déchiquetée par la houle des vagues. Elle sculpte progressivement la roche volcanique due aux coulées de lave successive. Une jolie palette de couleurs contrastantes : du noir, du blanc, du bleu ciel, du bleu turquoise, du vert.

Un écrin de verdure "'Anse des Cascades" où je me retrouve entre l'océan déchaîné et les petites cascades jaillissant des falaises au bord d'un petit port de pêcheurs.

Dans une ambiance brumeuse apocalyptique, j'admire les oeuvres plissées, drapées ou cordées du volcan sur "la route des laves". Elles redessinent inlassablement toute la côte et finissent par se jeter dans l'océan...

Sur la Plaine des Sables une route de 10 kilomètres minée de nids de poule la coupe en deux telle une piste d'atterrissage avec des cailloux repeints en blanc. Un mini road movie dans un paysage lunaire jusqu'au point culminant de la Fournaise avec des failles, des minis cratères, des fumerolles, des cônes et de la lave solidifiée occupent ce gigantesque espace. Un paysage éclaté avec un regard porté sur la géographie accidentée évoque sans cesse les empreintes volcaniques. Son instabilité permanente.

En mémoire il me revient...
Au cœur des cirques.
Cilaos
Un mot malgache signifiant «lieu que l'on ne quitte pas». Un accès à ce village créole en retrait du monde se situant au pied du Piton des Neiges endormi m'est offert par une pérégrination en bus et à pied. Installée dans le bus sur la droite côté fenêtre pour mieux sentir cette ascension je me familiarise assez rapidement avec le code perpétré par les réunionnais : frapper dans les mains pour interpeller le chauffeur aux nerfs d'acier la volonté de descendre à tel endroit. Une telle agilité lui permet de négocier avec les courbes, de klaxonner pour prévenir et inciter les automobilistes à se ranger, avancer avec précaution dans les tunnels. Le tout sans perdre patience.

Emprunt de l'unique célèbre route aux 400 virages. Les kilomètres défilent devant mes yeux sur une route très sinueuse, étroite, interminable avec des ponts et des tunnels. Des points de vue sublimes avec des lieux superbes au flanc des reliefs tourmentés. Rien ne se ressemble. Le massif montagneux m'encercle et me domine de sa hauteur à 3000 mètres d'altitude.

Salazie

La nature s'est réellement donnée en spectacle avec un élément vital l'eau sous forme de cascades. Elle jaillit et ruisselle de tous les pitons m'entourant. Un rempart de végétation les recouvre. Le tout se succède le long de la route qui serpentent entre de vertigineuses montagnes imposantes. Celles-ci sabrent le ciel bleu.

De vieilles cases créoles uniques sont préservées et luttent contre le temps. Une découverte impromptue surgit par hasard tout au bout d'une allée «le cimetière des plantes» avec l'accueil d'une grosse araignée inoffensive, malgré son air menaçant, surnommée «Bibe» à l'entrée. Dans cet écrin de verdure, au pied des montagnes avec une vue à couper le souffle, ce cimetière pittoresque, entouré de bambous, m'intrigue en m'offrant une ambiance sereine et paisible. A la différence des cimetières en métropole, il est loin d'être lugubre: les plantes et les fleurs sont plantées directement sur les tombes en pleine terre disposée librement en s'étendant à perte de vue.

Terre brûlée

Un ciel immaculé de lumière colorée avec un éclairage progressif de la route tortueuse jusqu'au Piton Maido. Des forêts primaires ornent tout le long de la route. Un lever de soleil au creux des montagnes entourées de nuages.

Le sommet des montagnes les perce . Cette douce protection enveloppe les pentes abruptes. Dans un mouvement rapide et lumineux le premier rayon de soleil les transperce. Cette lueur irradiante passe à travers. La nature se réveille alors et se pâme devant moi. Un spectacle théâtral à la fois doux et violent me met face à une gigantesque fenêtre spectaculaire à ciel ouvert pour me rappeler le privilège de la nature: m'offrir toute la beauté réunionnaise préservée, inimaginable et vertigineuse. En un regard, depuis les hauteurs de ses remparts, j'embrasse ce point de vue panoramique. Mon ouie est interpellée régulièrement par le survol du cirque Malfa de l'hélicoptère où résident en autarcie les descendants de plusieurs générations d'esclaves fugitifs pour les ravitailler.

Peu à peu ces fidèles souvenirs me rappellent tant l'affection éprouvée pour cette île... Un intervalle neutre avec un dépouillement de soi.

Quand vient le temps du retour chez soi ce n'est jamais la fin du voyage: l'ancrage des fragments poétiques dans la mémoire atteste la continuité des pérégrinations sous une autre forme... Ce riche butin imagé et sonore est à conserver, à partager quand l'envie soudaine surgit spontanément lors d'un échange.

L'état de voyageuse est prolongé sans cesse au fil du temps en arpentant les différentes bifurcations de la vie avec un regard toujours neuf. Sans oublier la gratitude, l'humilité. C'est le voyage qui me (dé)fait. Toujours.

En laissant au bord de la route mes certitudes, je tourne le dos à mes habitudes avec une ouverture de l'espace, du temps et une connexion multiple au cœur de soi...

Défragmentation d'une vie errante: partir, rester, revenir. Sans commencement, sans fin. En géographie, pas de frontière interne et externe.

LE MIROIR

Je ne suis ni handicapée, ni sourde. Une humaine à sentiments comme vous. Ce qui me distingue de vous sont mes oreilles ensablées, ma voix fluctuante et le port de prothèses. Des petits boitiers en plastiques - mes bijoux précieux – qui dépassent de mes oreilles.

C'est un paradoxe auquel vous ne devriez pas être habitués. Cette éternelle incompréhension perturbe toujours autant et vous avez une excuse: les médias vous abreuvent inlassablement de l'image du sourd qui ne parle pas, le sourd LSF.

Le choix de cette communauté ne serait ce pas parce qu'elle est isolée, exclue à cause d'une langue dénigrée, inférioriséе depuis longtemps? Or, le propre des langues est le partage universel dans un monde déchiré.

Et pourtant les sourds comme moi ils existent, ils sont fondus dans la masse et mènent diverses activités comme vous tous. Il n'y a pas un sourd, mais des sourds. Il n'y a pas une surdité, mais des surdités.

Oui je parle naturellement et cet handicap invisible est encore plus dérangeant, étrange à vos yeux. Je n'ai pas peur de vous, c'est vous qui avez peur de moi. C'est à la fois fascinant et inquiétant. Je renvoie une image déformée de vous-mêmes, à votre pouvoir limité. Cette représentation du désordre à vous yeux est tout simplement le reflet de vos blessures dissimulées.

Cette liberté d'avoir la parole orale m'a appris à regarder sagement et différemment le monde qui, chaque jour, m'éclaire de nouveau.

Cet invisibilité a ses atouts et ses limites. J'entends pas tout mais je peux vous dire, répondre clairement d'aller vous faire mettre si ça me chante. C'est des heures de conversation en lecture labiale aussi bien avec mon entourage amical, familial, professionnel qu'avec des inconnus. Mais c'est aussi parfois de coups de blues quand je suis incapable de suivre intégralement un échange à plusieurs. Ma prison. Vos phrases parviennent alors à mes oreilles incomplètes. Ce sentiment désagréable est rapidement compensé par l'évasion de mon esprit quelque part mais en dehors de ce monde.

On est tous sourds dans la relation et dans la société. Elle n'est qu'un cumul d'handicap et ne cesse d'en produire. D'où la citation de Maurice Ringler *On ne naît pas handicapé, on le devient*.

Etre sourd c'est réaliser que nous ne pouvons pas continuer à vivre pleinement dans une société qui ne respecte pas la différence et la diversité. Et pourtant je n'ai aucune haine et aucun rejet ne me fera vous rejeter. Au contraire j'accueille à bras ouvert votre différence.

A quand une surdité qui ne soit pas centralisée sur l'oralisme, la LSF mais plutôt sur l'humain souvent négligé ? N'est elle pas une source d'abus et de malentendus ? Et si les problèmes que rencontrent les sourds venait plutôt du manque d'adaptabilité de notre société qui est surtout conçue pour les personnes valides?

RENDEZ VOUS
EN TERRE MUSICALE

En avançant pieds nus sur la terre musicale sacrée, j'ai depuis longtemps conscience de la pluralité de mon patrimoine génétique sonore.

Je me souviens bien de mes premières émotions musicales avec mes prothèses. Je revois Le Liburnia une salle de concert-théâtre à Libourne où Mc Soolar est devant moi. Bien que je ne sois pas trop fan de sa musique mais plutôt de ses textes poétiques, ma timidité et ma réserve ont vu en la musique une territoire intime sur lequel je pouvais m'évader totalement. Sans contraintes. Je la ressens réellement avec l'ensemble des sens. Pas uniquement avec mes oreilles.

Je vis dans l'ombre de la musique avec une empreinte unique et individuelle. Celle-ci me permet d'apprécier sa beauté telle qu'elle se présente avec mes bijoux auditifs. Mes prothèses transforment et transmettent les ondes sonores. Celles-ci, ne pouvant circuler librement à mes oreilles, sont compensées par l'association du son à la façon dont il est produit. En voyant l'instrument et le geste coordonnés je peux imaginer, ressentir et vibrer à ma manière. Une manière distincte de la vôtre. La perception des mélodies est visuelle :

je suis attentive à la posture corporelle et à l'expression du visage. Un atout renforcé par la sensibilité vibratoire.

La musique se ressent avec l'ensemble des sens. Pas uniquement avec nos oreilles.

Profitant de mes expériences significatives, un jour j'ai décidé de les partager avec des élèves sourds autour d'une vidéo captivante. Il s'agit d'un reportage, réalisé par Claire Chognot et diffusé par l'Oeil et la Main (2006), sur Gonga un musicien sourd de naissance avec le *dhôl*. Il me touche particulièrement et représente bien ma vision par rapport à la surdité et la musique.

Entrer dans la classe avec six adolescents sourds appareillés et implantés c'est un peu comme entrer dans un monde à part où je suis sans arrêt amenée à déconstruire en LSF (Langue des Signes Française) leurs idées – bien que je les respecte – bourrées de préjugés sur les entendants et les sourds (pas n'importe lesquels! Ceux qui oralisent comme moi). Il y a un moment où je ne peux plus rester neutre malgré ma compréhension sur ce qui les a amenés à avoir des idées préconcues sur le monde les entourant. Tout simplement parce qu'ils sont en manque d'informations et ils sont dévalorisés. Cela génère de la frustration et de la colère mal orientée, mal canalisée. Je les bouscule, je les remets en question. Des yeux s'illuminent, de la confiance et des sourires s'esquissent. J'en ressors parfois exténuée, vaincue ou convaincue.

Devant leurs yeux incrédules défilent alors des images où ils voient Gonga avec son *dhôl*. Le choc: il parle ! De la musique et de la musique spirituellement primaire.

Ce qu'il faut savoir : l'histoire se déroule au Pakistan, la dimension poétique et mystique du soufisme et une personne avec en sens en moins (dans ce reportage il est question de l'ouie) est perçue comme un dieu.

Un membre à part entière avec un don à exploiter. Grâce à sa famille Gonga l'a trouvé. A travers son expérience intime avec le dhôl suspendu sur ses épaules, porteur du sens profond de la création, il en a fait son métier. De son handicap, il en a fait une force et un atout. Ce colosse aux pieds d'argile, vêtu du traditionnel shalwar kamiz, nous invite à entrer en transe avec son agilité. Sa renommée a déjà dépassé les frontières.

En mémoire certains noms de musiciens sourds me reviennent: Evelyn Glennie (percussioniste), Christian Guyot (compositeur), Lloyd Coleman (clarinettiste) exercent toujours leur passion à l'heure actuelle autour de leurs expériences musicales riches et hétéroclites...

Mais il arrive parfois que la musique ne soit pas vécue pleinement comme elle se le doit. Non pas parce que je me bouche les oreilles mais parce que je n'entends pas. C'est mon cas avec mes oreilles ensablées. Sans les prothèses. Etant sourde profonde et appareillée, j'aime profondément la musique. Un amour inconditionnel. L'univers des sons à été mis en mémoire grâce à mes parents depuis mon enfance.

J'ai baigné dans la marmite musicale hétéroclite... Cette éducation auditive, en passant par les bruitages, l'écoute de CD, les sorties en concert, m'a sensibilisée et ouverte à la culture musicale.

Elle ne cesse de s'enrichir au fil des années et se renforcent avec des rencontres hasardeuses, insolites sur la route de la vie. La musique est un excellent vecteur pour rassembler les gens quelque soit leur différence.

Un atout à privilégier pour arriver à un objectif : vibrer, danser, chanter ensemble de l'autre côté de la rive entre ciel et terre avec de nouveaux sillages musicaux. Aussi soit agréable à emprunter ce nouveau chemin rempli de pépites vocales et musicales le dialogue entre les musiciens saupoudre mes oreilles et mes yeux d'étoiles. Ça chatouille, ça gratte, ça démange et ça triture. Des sourires avec l'envie de se réunir pour aussi bien (re) découvrir le bricolage avec des matériaux sonores en se propageant à une telle vitesse que mon esprit s'évade quelque part en dehors de notre monde avec une fusion en harmonie...

La musique ce n'est pas seulement une chanson apprise par cœur. C'est aussi écouter à fond pour saisir les subtilités et la puissance en faisant tomber les barrières. L'essence des influences musicales jaillissent. Je me sens alors me dérober sous mes pieds avec de la poudre aux oreilles qui me transperce littéralement. Elle emplit mon âme en se répandant autour de moi avec des variations. Révélation de la symbiose et de la synergie.

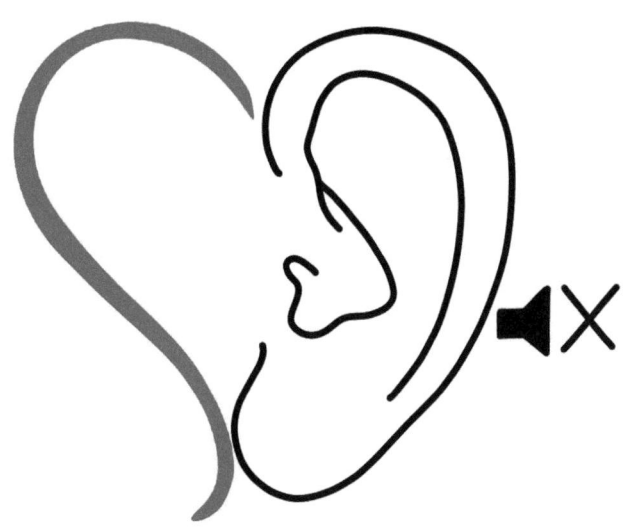

La paix ne viendrait-elle non pas des armes, de la politique mais plutôt de notre relation à la nature avec son accent polyvalent? Et pourtant, nous continuons à manger la terre...

Etant conditionnés, nous avons appris à bâtir notre monde autour d'une vision centrée en oubliant de regarder au fond de nous. Un face-à-face frontal avec nos démons, nos sentiments d'insécurité, nos peurs de l'autre et des lendemains.

Notre intérieur est l'alliage des morceaux d'un monde dévasté, éclaté et entaché. Une fin à la fois éloignée et proche de nous. Terre d'ici, terre d'ailleurs.

La nuit et le crépuscule se rencontrent et s'embrassent. De cette union naissent des étoiles. Elles trouent la grande toile noire pour que la lumière illumine nos yeux.

Il est encore temps de peindre et de pacifier ce monde avec des couleurs spectrales. Un combat pacifique. Le dernier rempart de l'âme. Le tourbillon de la vie.

La route est longue. Marcher sur sa propre route en gardant l'esprit ouvert et éveillé pour ne pas troubler l'espoir. Continuer à rêver d'un futur meilleur en restant ancré dans un présent sans ornière est notre lot commun. Une aventure qui bouscule, déstabilise voire nous conduit à nous mettre en route profondément vers nous même... Nous nous transformons au fil des jours. Etre au plus près de soi. Cette connexion est parfois malmenée à cause de vieux scénarios.

Avec un tel pouvoir inédit nous sommes certains d'avoir la musique des beaux jours devant nous avec une version améliorée... Tout simplement parce que c'est arriver à s'impliquer profondément et à raviver la flamme.

Il fait encore jour.

Chercher l'horizon entre quatre murs avec un cœur battant à l'infini. Un ailleurs inaccessible.

Sortons à la lumière. Eteignons celle qui nous aveugle dans l'obsucrité.

La vie défile.

Le jour se lève encore avec le souffle de l'aube.